AF546503

Teppan Yaki Kochbuch

Die leckersten Rezepte für ein gemütliches Grillen nach japanischer Art

Airi Nakamura

Email: info@edition-lunerion.de
www.edition-lunerion.de

Psiana eCom UG
Berumer Str. 44
26844 Jemgum

Vorwort

Im Sommer geht doch nichts über Grillen! Saftiges Fleisch, aromatisches Gemüse, das Gefühl von Leichtigkeit und grenzenloser Schlemmerei. Und wer nun beim Gedanken an Regen & Winter das Gesicht verzieht, für den gibt's die perfekte Lösung: Grillen auf der japanischen Teppan Yaki-Platte – bei jedem Wetter, zu jeder Tages- und Jahreszeit und obendrein noch richtig gesund! Die japanische Art des Grillens überzeugt mit einigen unschlagbaren Vorteilen: Durch gleichmäßige hohe Temperaturen gelingt jedes Steak auf den Punkt, vielfältige Zubereitungsmöglichkeiten zaubern Spezialitäten für jeden Geschmack, auf zu viel ungesundes Fett können Sie getrost verzichten und die Platte lässt sich überall und jederzeit einsetzen. Und das Beste daran: Teppan Yaki garantiert nicht nur höchsten Genuss für asiatische Speisen, sondern Sie können damit so ziemlich alles zubereiten, was üblicherweise auf Ihrem Rost landet und noch viel mehr! Blätterteigtaschen werden ebenso köstlich wie Chicken Wings, Makrele, Schafskäse, verschiedene Beilagen und sogar feine Desserts. Dieses Kochbuch präsentiert Ihnen aber nicht nur die köstlichsten Rezepte für jeden Anlass, sondern versorgt Sie darüber hinaus mit den wichtigsten Informationen. Dank leicht verständlicher Schritt-für-Schritt-Anleitungen werden bereits Ihre ersten Grillversuche zum begeisternden Top-Erfolg für Familie & Gäste!

Guten Appetit!

INHALT

Grillen wie in Japan

Inzwischen ist das Grillen nicht nur mehr allein im Sommer an der frischen Luft möglich, denn mit einem Teppan Yaki-Grill kann dies in Zukunft zu jeder Jahreszeit auch in den eigenen vier Wänden oder im Gartenhaus in vollen Zügen genossen werden. Wie der Name wahrscheinlich schon erahnen lässt, stammt diese Erfindung aus Japan und wird daher auch als japanische Grillplatte bezeichnet. Stimmen die Erzählungen, kamen diese Konstruktionen, natürlich in weitaus vereinfachter Form, schon bei damaligen Kriegszügen zum Einsatz. So waren es früher allerdings lediglich Platten, die aus Eisen bestanden, welche dann mit unterschiedlichen Nahrungsmitteln bestückt über das offene Feuer gelegt wurden. Es dauerte nicht lange und in Japan fand sich fast in einer jeden Küche eine solche Grillplatte. Mit der Zeit zog das gute Stück dann in so manchen Küchenschrank in ganz Europa ein. Zumal sich ein solches Gerät keineswegs nur für Asia-Liebhaber eignet.

Der Begriff „Teppan" bezeichnet lediglich die Grillplatte, während die darauf liegenden Nahrungsmittel „Teppan Yaki" genannt werden. Heute nennt man allerdings sowohl das Gerät als auch die darauf zubereiteten Speisen Teppan Yaki. Im Prinzip ist eine Teppan Yaki-Platte eine einfache Platte aus Stahl, welche entweder über dem offenen Feuer oder mit Hilfe von Strom erhitzt wird. Wer schon einmal ein japanisches Restaurant besucht hat, wird eine solche Grillplatte bestimmt schon gesehen haben, denn diese findet sich in der Regel direkt am Gästetisch. Japanische Speisen werden hier dann vor den Augen der Gäste zubereitet. Wohingegen in Japan selbst die „Eiserne Platte“ überwiegend mobil zum Einsatz kommt.

Bekanntlich leben in Japan viele Menschen, die ein beachtliches Alter vorzuweisen haben. Wissenschaftler vermuten, dass es der japanischen Küche zuzuschreiben ist, dass die Menschen in diesem Land so lange leben. Die Teppan Yaki-Platte zählt dabei zu der gesunden Art, zu grillen. Da sich diese Platte zudem stets gleichmäßig erhitzt, werden die darauf liegenden Speisen recht schnell gegart und behalten auf diese Weise ihren ursprünglichen Geschmack bei. Das wiederum bedeutet, dass sämtliche Lebensmittel vitamin- und nährstoffreich bleiben. Hinzu kommt, dass bei der Zubereitung diverser Gerichte zum großen Teil auf die Verwendung von zusätzlichen Fetten verzichtet werden kann. Demnach ist es ganz einfach, sich kalorienarm zu ernähren. Besonders, da die Teppan Yaki-Platte Temperaturen zwischen 20 und 220 °C erreichen kann. Vor allem die Zubereitung von Steaks sowie anderer Fleischarten gestaltet sich auf dieser Platte weitaus einfacher als in einer herkömmlichen Bratpfanne oder auf einem Grill. So können Sie im Vorfeld die exakte Temperatur an diesem japanischen Grill einstellen, sodass es zu einem optimalen Garungsprozess kommt. Das heißt, in Zukunft wird es kein zähes Fleisch mehr geben, denn mit einer Teppan Yaki-Platte gelingt eine jede Zubereitung und dafür müssen Sie kein 5-Sterne-Koch sein!

Da diese Platte zudem eine recht große Auflagefläche mitbringt, kommt es hier jederzeit zu einer gleichmäßigen und konstanten Verteilung der Hitze. Es ist also ohne Probleme ebenfalls möglich, größere Portionen in kurzer Zeit zu garen. Besonders eignet sich eine Teppan Yaki-Platte ebenso gut zum Warmhalten.

Auf dem Markt finden sich im Grunde lediglich zwei unterschiedliche Ausführungsarten. Zum einen gibt es Teppan Yaki-Platten mit einer glatten

Oberfläche und zum anderen Platten mit einer geriffelten Oberfläche. Erstgenanntes eignet sich besonders gut zum Braten von Fisch sowie Gemüse. Wobei hier aber ebenso problemlos Eierspeisen oder Pfannkuchen zubereitet werden können. Fleisch hingegen lässt sich ausgezeichnet auf der geriffelten Oberfläche garen, denn hier erhält das Grillgut dann die typischen Grillmuster, wie auf einem Holzkohlegrill.

Wie bei vielen anderen Dingen auch, finden sich hier ebenfalls Qualitätsunterschiede. Preislich ist eine Teppan Yaki-Platte bereits ab 30 Euro zu haben, wobei es aber ebenso Ausführungen gibt, die über 100 Euro kosten. Gastro-Modelle sind da sogar noch um einiges teurer. Wichtig beim Kauf ist unter anderem, dass Sie eine stabile Ausführung wählen. So sollte die Platte selbst mindestens eine Dicke von vier Millimetern mitbringen, denn auf diese Weise ist es hier ebenfalls problemlos möglich, diverse Speisen längere Zeit warm zu halten. Des Weiteren gilt es ebenso, darauf zu achten, dass die Abflussrinne über eine gewisse Breite verfügt. Bevor diverse Nahrungsmittel auf dieser Platte zubereitet werden können, muss diese einmal vollständig durchgeheizt werden. Wer hier längere Wartezeiten umgehen möchte, sollte ein Gerät wählen, welches sich zügig aufwärmt. Hinzu kommt, dass es im Handel inzwischen Teppan Yaki-Platten gibt, die mit einer Antihaftbeschichtung ausgestattet sind. Diese bringt einige Vorzüge mit sich, denn sowohl die Reinigung als auch die Handhabung gestaltet sich auf diese Weise einfacher.

Ob Sie nun auf der Suche nach traditionellem japanischen Grillen oder einfach einem gesunden Grillersatz sind, auch Indoor nicht auf das typische Steak-Aroma verzichten wollen oder einfach mal was ganz Neues ausprobieren möchten – Asien- oder einfach nur Grillfans kommen mit diesem Rezeptbuch gleichermaßen auf Ihre Kosten. Und mit den Bonus-Rezepten für raffinierte Saucen, Dips und Marinaden runden Sie jedes Gericht perfekt ab!

Traditionelles

OKONOMIYAKI – JAPANISCHE PFANNKUCHEN-PIZZA

4 Port. 20 Min. Einfach

Zutaten

4 Eier
300 g Weizenmehl
200 ml Wasser
½ Spitzkohl
100 g Bacon (Scheiben)
150 g Eismeer-Garnelen
150 g Krabben
1 Bund Frühlings-zwiebeln
200 g Wok-Eiernudeln

Für die Sauce:
2 EL Austernsauce
4 EL Ketchup
3 EL Zucker (braun)
3 EL Worcestersauce

Nährwerte p. P.

578 kcal
71 g Kohlenhydrate
16 g Fett
33 g Eiweiß

1 Zuerst gilt es, die Teppan Yaki-Platte aufzuheizen. Anschließend den Spitzkohl hobeln und die Eier mit dem Wasser mischen.

2 In die Eier dann das Weizenmehl rühren und im Anschluss den Spitzkohl unter die Masse mischen.

3 Danach die Wok-Eiernudeln nach Anleitung garen.

4 Während die Nudeln kochen, die Austernsauce mit dem Ketchup, dem braunen Zucker sowie der Worcestersauce verrühren. Die Frühlingszwiebeln in Ringe teilen.

5 Jetzt je eine Kelle des Teigs auf die Teppan Yaki-Platte geben. Darauf die Wok-Eiernudeln legen und anschließend den Bacon, die Frühlingszwiebelringe, die Krabben sowie die Garnelen auf die Nudeln geben und alles ein wenig andrücken.

6 Zeigt sich die Unterseite des Teigs goldbraun, das Ganze einmal mit Vorsicht wenden.

7 Die japanische Pfannkuchen-Pizza ist fertig, wenn auch die andere Seite einen goldbraunen Farbton angenommen hat, und kann dann mit der Sauce serviert werden.

MONJAYAKI – JAPANISCHER PFANNKUCHEN MIT GEMÜSE UND SCHWEINEFLEISCH

1 Port.

40 Min.

Mittel

Zutaten

250 ml Wasser
150 g Schweinefleisch
60 g Weizenmehl
1 Lauchzwiebel
75 g Mais (Dose)
200 g Weißkohl
1 EL Sojasauce
1 EL Agedama (frittierter Tempurateig)
1 EL Sosu (japanische Würzsauce)

Nährwerte p. P.

653 kcal
81 g Kohlenhydrate
22 g Fett
42 g Eiweiß

1 Das Schweinegulasch eventuell noch einmal klein schneiden. Den Weißkohl hingegen raspeln und die Lauchzwiebel in Ringe teilen.

2 Jetzt das Weizenmehl mit der Sojasauce, der Sosu sowie dem Wasser vermischen, bis sich eine glatte Masse ergibt.

3 Danach alle übrigen Zutaten unter den Mix mischen.

4 Anschließend die Teppan Yaki-Platte auf 140 °C stellen.

5 Hat die Platte ihre Temperatur erreicht, mit einem Löffel die festen Zutaten kreisförmig auf die Platte geben und so viel Teig wie nur möglich in der Schüssel zurücklassen.

6 Sobald das Schweinefleisch gar ist, das Ganze zu einem Kreis formen und mittig ein Loch frei lassen. Dort dann eine Portion des Teigs hineingeben.

7 Wird der Teig in der Mitte transparent bzw. gelartig, das Ganze einmal mit Vorsicht umdrehen, damit auch diese Seite geröstet werden kann.

GYOZA – JAPANISCHE TEIGTASCHEN

 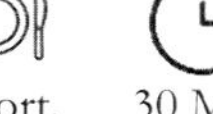 

4 Port. 30 Min. Mittel

Zutaten

200 g Rinderhack
1 Päckchen Teigblätter (Gyozablätter)
100 g Chinakohl
2 Knoblauchzehen
1 Bund Frühlingszwiebeln
1 Stange Porree
1 Stück Ingwer (2 cm)
2 EL Sojasauce
2 TL Sesamöl
Pfeffer
Salz

Nährwerte p. P.

307 kcal
18 g Kohlenhydrate
17 g Fett
14 g Eiweiß

1 Den Chinakohl in Streifen zerteilen, mit etwas Salz bestreuen und ungefähr zehn Minuten ziehen lassen.

2 Anschließend den Porree sowie die Frühlingszwiebeln in feine Ringe trennen. Den Ingwer schälen und reiben. Die Knoblauchzehen, ohne Schale, fein zerhacken.

3 Jetzt das Rinderhack mit den zerkleinerten Zutaten mischen und die Masse mit Pfeffer sowie Salz würzen.

4 Danach die Gyozablätter auslegen, in ein jedes einen TL Hack-Mix geben, die Blätter zuklappen und die Ränder gut festdrücken.

5 Nun die Teppan Yaki-Platte aufheizen und hier die japanischen Teigtaschen garen, bis sie außen goldgelb und innen gar sind.

YAKI SOBA – GEBRATENE RAMEN-NUDELN MIT GEMÜSE UND SCHWEINEFLEISCH

2 Port.

40 Min.

Mittel

Zutaten

180 g Ramen-Nudeln
2 Shiitake-Pilze
2 Lauchzwiebeln
1 Karotte
1 Zwiebel (rot)
250 g Schweinebauch
2 EL Rapsöl
4 Blätter Spitzkohl
100 ml Yakisoba-Sauce
2 TL Beni Shoga
(eingelegter Ingwer)
2 TL Aonori
(Algenflocken)

Nährwerte p. P.

904 kcal
73 g Kohlenhydrate
49 g Fett
45 g Eiweiß

1 Die Ramen-Nudeln in zwei Litern Kochwasser garen. Anschließend abgießen.

2 Dann die Karotte abschälen und den Rest in fünf Zentimeter lange Stifte zerteilen. Die rote Zwiebel, ohne Schale, in schmale Spalten zerschneiden und die Lauchzwiebeln in drei Zentimeter kurze Stangen verwandeln.

3 Die Spitzkohlblätter einmal mittig teilen und dann in Streifen teilen. Anschließend den Schweinebauch in ½ cm dünne Scheiben trennen. Gleiches mit den Pilzen vornehmen.

4 Jetzt die Teppan Yaki-Platte aufheizen und hier mit dem Rapsöl die Schweinebauchscheiben knusprig anbraten. Kurz darauf die Karotten sowie die Zwiebelspalten zufügen und anschließend den Spitzkohl und die Pilze.

5 Nach ungefähr zehn Minuten die Ramen-Nudeln sowie die Lauchzwiebeln und die Yakisoba-Sauce untermischen.

6 Nach weiteren fünf Minuten kann das Yaki Soba, garniert mit Aonori und Beni Shoga, serviert werden.

YAKI UDON – JAPANISCHE NUDEL-GEMÜSE-HÄHNCHEN-PFANNE

3 Port.

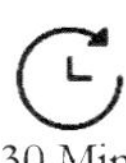
30 Min.

Einfach

Zutaten

600 g Udon-Nudeln
2 Karotten
1 Lauchzwiebel
200 g Hähnchenbrustfilet
200 g Sojasprossen
2 Blätter Spitzkohl
2 EL Sosu (japanische Würzsauce)
3 EL Sojasauce
2 EL Mirin
(süße Würzsauce)
Pfeffer
Salz

Nährwerte p. P.

408 kcal
110 g Kohlenhydrate
7 g Fett
11 g Eiweiß

1 Die Karotten, den Spitzkohl sowie die Lauchzwiebel in feine Stifte schneiden. Das Hähnchenfleisch hingegen in Streifen schneiden.

2 Jetzt den Teppan Yaki aufheizen und hier die Hähnchenstreifen rösten. Daneben das Gemüse geben und dieses ebenfalls auf der Platte garen. Alles mit ein wenig Pfeffer sowie Salz verfeinern.

3 Das Ganze dann auf der Platte miteinander vermengen.

4 Die Udon-Nudeln nun mit heißem Wasser abspülen und zum Gemüse-Fleisch-Mix auf die Teppan Platte legen.

5 Das Ganze mit den japanischen Würzsaucen sowie der Sojasauce mischen.

6 Nach weiteren fünf bis acht Minuten ist das Gericht dann servierbereit.

AROMATISCHER LACHS

4 Port. 70 Min. Einfach

Zutaten

4 Lachsfilets
3 Knoblauchzehen
6 EL Sojasauce
1 EL Maisstärke
1 EL Ingwer (gemahlen)
8 EL Wasser
1½ EL Zitronensaft
3 EL Honig
2 EL Zucker (braun)

Nährwerte p. P.

448 kcal
26 g Kohlenhydrate
22 g Fett
36 g Eiweiß

1 Die Knoblauchzehen aus der Schale nehmen und fein zerhacken.

2 Den zerhackten Knoblauch mit dem Honig, der Sojasauce, dem Zucker, dem Zitronensaft, dem gemahlenen Ingwer sowie sechs EL Wasser mischen und das Ganze in einem Topf einmal zum Kochen bringen.

3 Danach die übrigen zwei EL Wasser mit der Maisstärke verrühren und diesen Mix in die Sauce rühren.

4 Die Lachsfilets für eine Stunde in dieser Marinade einlegen.

5 Nun die Teppan Yaki-Platte aufheizen und hier den Lachs rösten.

RISOTTO MIT GEBRATENEM REIS UND EI

2 Port.

20 Min.

Einfach

Zutaten

400 g Reis
4 Lauchzwiebeln
4 Eier
1 Karotte
60 ml chinesischer Kochwein
1 EL Pflanzenöl
Pfeffer
Salz

Nährwerte p. P.

648 kcal
99 g Kohlenhydrate
14 g Fett
24 g Eiweiß

1 Zuerst den Reis wie gewohnt garen. Dann die Teppan Yaki-Platte aufheizen. Anschließend die Karotte abschälen und in kleine Würfel teilen. Die Frühlingszwiebeln in Ringe schneiden.

2 Danach die Eier verquirlen und mit Pfeffer sowie Salz verfeinern. Die Lauchzwiebelringe untermischen.

3 Die Eier mit etwas Öl auf der Platte in Rührei verwandeln.

4 Jetzt den gegarten Reis mit den Karottenwürfeln zugeben und alles miteinander vermengen.

5 Zum Schluss vorsichtig den Kochwein zugießen und weitere zehn Minuten braten lassen. Das Ganze gegebenenfalls noch einmal mit Salz sowie Pfeffer würzen.

GEGRILLTE SHIITAKE-PILZE MIT HOKKAIDO-KÜRBIS

2 Port. 30 Min. Einfach

Zutaten

400 g Hokkaido-Kürbis
1 Lauchzwiebel
300 g Shiitake-Pilze
1 EL Sesamsamen
200 ml Wasser
3 EL Sesamöl
2 Sternanisfrüchte
2 EL Tamari (Sojasauce)
1 EL Yaconsirup
1 TL Kartoffelstärke
1 EL Apfel-Balsamico

Nährwerte p. P.

330 kcal
48 g Kohlenhydrate
10 g Fett
10 g Eiweiß

1 Das Fruchtfleisch des Kürbisses in Würfel teilen und die Lauchzwiebel in feine Ringe schneiden. Danach die Shiitake-Pilze in Streifen trennen.

2 Jetzt die Kürbiswürfel in ein Küchensieb geben und das Ganze mit Salz bestreuen. Im Anschluss die Teppan Yaki-Platte einschalten.

3 Hier dann die Kürbiswürfel anrösten, bis diese ein wenig Farbe angenommen haben.

4 Nun die Shiitake-Pilze zugeben. Sobald diese ein wenig angebraten sind, die Sternanisfrüchte sowie die Lauchzwiebelringe untermischen.

5 In einem Topf die Sojasauce mit dem Apfel-Balsamico und dem Yaconsirup mischen. Das Ganze aufkochen lassen und mit dem Wasser ablöschen.

6 Danach die Kartoffelstärke mit zwei EL Wasser mischen und diese in die Sauce rühren. Das Ganze mit Pfeffer sowie Salz verfeinern und anschließend unter die Shiitake-Pilze mischen.

FEUERFLEISCH À LA KOREA

4 Port.

80 Min.

Einfach

Zutaten

800 g Rinderfilet
2 Frühlingszwiebeln
1 Karotte
2 Knoblauchzehen
2 TL Bohnenpaste
2 TL Sesamkörner
1 TL Zucker
2 TL Sesamöl
1 TL Sambal Oelek
3 EL Reiswein
4 EL Sojasoße
Salz

Nährwerte p. P.

334 kcal
9 g Kohlenhydrate
12 g Fett
45 g Eiweiß

1 Zuallererst die Teppan Yaki-Platte auf Temperatur bringen. Dann das Rinderfilet in Streifen teilen und die Sesamkörner kurz auf der Platte anrösten.

2 Jetzt die Knoblauchzehen schalenlos fein zerhacken und die Frühlingszwiebeln in feine Ringe verwandeln. Die Karotte hingegen von ihrer Schale befreien und in feine Streifen trennen.

3 Anschließend die Bohnenpaste mit dem Sambal Oelek, dem Sesamöl, dem Zucker, dem zerhackten Knoblauch, den Sesamkörnern, der Sojasoße und dem Salz mischen.

4 Die Rinderfiletstreifen in die Marinade geben und alles gut vermengen. Das Ganze dann eine Stunde in die Kühlung stellen.

5 Zu guter Letzt das Rinderfilet mit den Karottenstreifen auf der heißen Platte garen. Das Ganze auf Tellern verteilen und mit den Frühlingszwiebelringen verfeinern.

ASIATISCHE HÜHNCHEN-SPIEẞE

4 Port. 90 Min. Einfach

Zutaten

4 Hühnerbrustfilets
4 milde Chilischoten
1 TL Salz
4 EL süße Chilisoße
4 EL Rapsöl
2 EL Sojasoße

Nährwerte p. P.

226 kcal
1 g Kohlenhydrate
11 g Fett
30 g Eiweiß

1 Das Rapsöl mit dem Salz und der Chili- sowie Sojasoße mischen.

2 Dann die Hühnerbrüste in Streifen teilen und mit der Marinade vermengen. Das eingelegte Fleisch für eine Stunde in die Kühlung stellen.

3 Nach circa einer halben Stunde die Teppan Yaki-Platte aufheizen und die Chilischoten in grobe Stücke zerschneiden.

4 Die Chili-Stücke im Wechsel mit dem Hühnerfleisch auf Spieße stecken und auf der Grillplatte rundum goldbraun rösten.

INDONESISCHE HÄHNCHEN-SPIEẞE MIT BASMATI-REIS

4 Port.

40 Min.

Mittel

Zutaten

800 g Hähnchenbrustfilets
200 g Erdnüsse (gesalzen)
200 g Basmati-Reis
400 ml Kokosnussmilch
2 Knoblauchzehen
1 Stück Ingwer (3 cm)
4 EL Zucker (braun)
5 EL Sojasoße (süß)
2 EL Sesamöl
5 EL Sojasoße
4 EL Currypaste
2 EL Erdnussöl

Nährwerte p. P.

1187 kcal
73 g Kohlenhydrate
67 g Fett
68 g Eiweiß

1 Die Hähnchenbrustfilets in circa einen Zentimeter breite Streifen verwandeln. Dann die Knoblauchzehen sowie das Ingwerstück aus der Schale befreien und in kleine Würfel zerteilen.

2 Anschließend die beiden Sojasoßen mit dem Sesamöl verrühren, den Knoblauch sowie den Ingwer untermischen und mit der Marinade die Hähnchenstreifen marinieren. Das Ganze dann circa 20 Minuten in die Kühlung stellen.

3 Währenddessen den Basmati-Reis wie gewohnt in Salzwasser garen und dann abtropfen lassen.

4 Zwischenzeitlich die Erdnüsse fein zerhacken und diese mit dem Sojaöl in einem Topf mit der Currypaste rösten. Nach ungefähr drei Minuten den braunen Zucker zufügen und das Ganze mit der Kokosmilch löschen.

5 Jetzt die Teppan Yaki-Platte auf Temperatur bringen und das marinierte Hähnchenfleisch auf Spieße stecken. Die Platte mit dem Erdnussöl bestreichen und hier die Hähnchenspieße grillen.

6 Zu guter Letzt die Hähnchenspieße mit dem Basmati-Reis und der Erdnusssoße anrichten.

TONPEI YAKI

4 Port. | 40 Min. | Mittel

Zutaten

600 g Schweinefleisch
4 Lauchzwiebeln
1 Chinakohl
8 Eier
2 EL Mayonnaise
2 EL Sosu
(japanische Würzsoße)
1 EL Rapsöl
Pfeffer
Salz

Nährwerte p. P.

400 kcal
12 g Kohlenhydrate
19 g Fett
44 g Eiweiß

1 Zuerst den Chinakohl in feine Streifen verwandeln und die Lauchzwiebeln in Ringe teilen.

2 Dann die Teppan Yaki-Platte in Betrieb nehmen.Das Schweinefleisch in Würfel zerteilen und mit Pfeffer sowie Salz würzen.

3 Jetzt das Rapsöl auf die Platte streichen und das Schweinefleisch hier scharf anrösten.

4 Anschließend den Chinakohl zugeben, kurz mitbraten und alles von der Platte nehmen.

5 Mit etwas Öl nun jeweils zwei Eier in einer Bratpfanne zu Omeletts verarbeiten.

6 Dann etwas von dem Schweinefleisch-Mix auf die eine Seite des Omeletts geben und das Ganze mit Vorsicht wenden.

7 Zum Schluss die Tonpei Yaki mit Sosu, Mayonnaise sowie den Lauchzwiebeln verfeinern.

GEBRATENER REIS

2 Port.

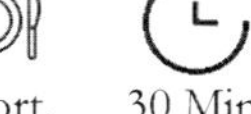
30 Min.

Einfach

Zutaten

400 g Reis
4 Eier
60 ml chinesischer Kochwein
4 Lauchzwiebeln
2 EL Rapsöl
1 Möhre
Pfeffer
Salz

Nährwerte p. P.

614 kcal
79 g Kohlenhydrate
22 g Fett
17 g Eiweiß

1 Den Reis wie immer in Salzwasser garen und abtropfen lassen.

2 Währenddessen die Möhre ohne Schale und die Lauchzwiebeln in feine Würfel bzw. Ringe zerteilen.

3 Dann die Teppan Yaki-Platte aufheizen. In einer Schüssel die Eier verrühren und einen Großteil der Lauchzwiebeln unterrühren.

4 Jetzt einen EL Rapsöl auf der Platte verteilen und aus dem Eier-Mix Rühreier herstellen.

5 Anschließend den Reis sowie die Karotten zugeben, mit Pfeffer sowie Salz verfeinern und das Ganze anbraten.

6 Nach kurzer Zeit den Kochwein zugießen und alles so lange weiterrösten, bis der Wein verdampft ist.

7 Beim Servieren die übrigen Lauchzwiebelringe über den gebratenen Reis verteilen.

JAPANISCHES RINDFLEISCH MIT REIS UND GEMÜSE

4 Port.

90 Min.

Einfach

Zutaten

500 g Rinderfilet
350 g Reis
1 Paprika (rot)
1 Paprika (gelb)
2 Knoblauchzehen
1 TL Ingwerpulver
1 Stange Lauch
2 Zucchini
3 TL Rapsöl
4 EL Sojasoße
100 ml Wasser
1 TL Wasabipaste
Pfeffer

Nährwerte p. P.

710 kcal
75 g Kohlenhydrate
11 g Fett
44 g Eiweiß

1 Zuerst den Reis wie gewohnt garen und abtropfen lassen.

2 Dann die Knoblauchzehen schalenlos fein zerhacken und mit dem Ingwerpulver sowie der Sojasoße und dem Wasser mischen.

3 Anschließend das Rindfleisch in Streifen zerteilen und mit der zuvor hergestellten Marinade vermengen. Das einlegte Fleisch circa eine Stunde in den Kühlschrank stellen.

4 Währenddessen die Stange Lauch in Streifen trennen und das übrige Gemüse in fünf Zentimeter große Stifte verwandeln. Dann die Teppan Yaki-Platte auf Temperatur bringen.

5 Hier das Fleisch sowie das Gemüse scharf anbraten. Ist das Gemüse fast bissfest gegart, den Reis mit auf die Platte geben und alles weitere zehn Minuten rösten.

GEGRILLTER LACHS IN TERIYAKI-SOßE

4 Port. 40 Min. Mittel

Zutaten

4 Lachs-Steaks
15 cm weißer Rettich
2 EL Weißwein (trocken)
4 EL Sojasoße
1 Päckchen Kresse
2 EL Mirin
(japanischer Reiswein)
2 TL Zucker
1 EL Sesamöl

Nährwerte p. P.

583 kcal
6 g Kohlenhydrate
35 g Fett
59 g Eiweiß

1 Vorab die Teppan Yaki-Platte auf Temperatur bringen. Dann den weißen Rettich fein zerreiben und die Kresse zerhacken.

2 Den Weißwein mit dem Mirin, der Sojasoße sowie dem Zucker mischen. Alles so lange verrühren, bis sich der Zucker aufgelöst hat.

3 Den Lachs in der Marinade wenden und am besten zehn Minuten darin ziehen lassen.

4 Im Anschluss den Lachs von jeder Seite circa drei Minuten auf der Platte rösten. Zwischendurch den Fisch immer mal wieder mit der Marinade bestreichen.

5 Zu guter Letzt den gegrillten Lachs mit dem Rettich und der Kresse bestreuen.

Gegrilltes zum Brunch

BLÄTTERTEIGTASCHEN MIT KOKOSNUSS-CREME UND ANANAS

2 Port.

10 Min.

Einfach

Zutaten

1 Päckchen Blätterteig
100 g Kokosnussraspeln
2 EL Honig
50 ml Milch
1 Eigelb
50 ml Kokosnussmilch
2 Scheiben Ananas
n. B. Gewürze

Nährwerte p. P.

1010 kcal
89 g Kohlenhydrate
65 g Fett
11 g Eiweiß

1 Zuerst die Teppan Yaki-Platte anstellen, damit diese sich aufheizen kann. Den Blätterteig in zwei gleichgroße Stücke teilen.

2 Jetzt die Kokosnussraspeln mit der Kokosnussmilch verrühren und den Honig untermischen.

3 Beide Blätterteigteile mit dem Kokosnuss-Mix bestreichen.

4 Darauf die zuvor gestückelte Ananas geben und den Blätterteig dann zuklappen. Die Ränder fest mit einer Gabel andrücken.

5 Nun die Milch mit dem Eigelb vermischen und diesen Mix auf die Blätterteigtaschen streichen.

6 Das Ganze auf die Grillplatte legen, nach Belieben würzen und goldbraun garen.

ERDBEER-SPARGEL-PFÄNNCHEN

2 Port.

10 Min.

Einfach

Zutaten

100 g Erdbeeren
200 g Spargel (grün)
2 EL Balsamico-Essig
3 EL Rapsöl
n. B. Gewürze

Nährwerte p. P.

199 kcal
12 g Kohlenhydrate
15 g Fett
3 g Eiweiß

1 Im Vorfeld die Teppan Yaki aufheizen. Dann den Spargel sowie die Erdbeeren säubern. Vom Spargel die Enden und von den Erdbeeren das Grün entfernen. Anschließend beides halbieren.

2 Jetzt den Balsamico-Essig mit dem Rapsöl verrühren und den Mix mit den Erdbeeren und dem Spargel mischen.

3 Das Ganze zum Schluss auf die Teppan Yaki-Platte geben, nach Belieben würzen und kurz anbraten.

GEFÜLLTE FRÜHSTÜCKS-TOMATE

2 Port.

15 Min.

Einfach

Zutaten

2 Eier
2 Tomaten
150 g Frischkäse
1 Kugel Mozzarella
1 Päckchen Schnittlauch (TK)
50 ml Sahne
Salz
Pfeffer

Nährwerte p. P.

504 kcal
7 g Kohlenhydrate
43 g Fett
23 g Eiweiß

1 Zuerst gilt es, die Teppan Yaki-Platte vorzuheizen. Anschließend die Eier in einer Schüssel verquirlen und mit der Sahne sowie dem Schnittlach und dem Frischkäse mischen. Den Mix mit Pfeffer sowie Salz geschmacklich verfeinern.

2 Jetzt die Tomaten halbieren, den Stiel sowie das Fruchtfleisch herausnehmen und hier den Frischkäse-Eier-Mix hineingeben.

3 Danach die Mozzarella-Kugel in vier dicke Scheiben trennen und diese ebenfalls auf die gefüllten Tomaten legen.

4 Zum Schluss die Frühstückstomaten auf die Teppan Yaki-Platte legen und garen.

BLÄTTERTEIGROLLE MIT SPARGEL UND KOCHSCHINKEN

2 Port.

15 Min.

Einfach

Zutaten

1 Päckchen Blätterteig
3 Scheiben Kochschinken
1 Eigelb
4 Stangen Spargel (grün)
50 ml Milch
n. B. Gewürze

Nährwerte p. P.

464 kcal
38 g Kohlenhydrate
29 g Fett
13 g Eiweiß

1 Die japanische Grillplatte im Vorfeld vorheizen. Dann den Blätterteig in zwei gleichgroße Stücke teilen.

2 Auf die Blätterteigplatten den Kochschinken legen.

3 Anschließend die Spargelstangen putzen, die Enden entfernen und den Spargel auf den Kochschinken legen. Jetzt den Blätterteig zusammenrollen.

4 Die Milch mit dem Eigelb mischen und den Mix auf die Blätterteigrollen pinseln.

5 Zum Schluss die gefüllten Blätterteigrollen auf die Teppan Yaki-Platte legen, nach Belieben würzen und goldbraun backen.

FRÜHSTÜCKSPIZZA MIT SPECK UND EI

2 Port.

15 Min.

Einfach

Zutaten

400 g Pizzateig (Kühlung)
200 g Gouda (gerieben)
100 g Speck (Scheiben)
4 Eier
2 Gewürzgurken
1 Zwiebel
n. B. Gewürze

Nährwerte p. P.

1425 kcal
75 g Kohlenhydrate
100 g Fett
54 g Eiweiß

1 Zuerst die Teppan Yaki-Platte anstellen, damit diese sich schon einmal aufheizen kann. Dann den Pizzateig in zwei Stücke teilen.

2 Anschließend die Zwiebel aus der Schale nehmen und diese in feine Ringe zerteilen. Diese dann auf die Grillplatte legen und rösten.

3 Ebenso kann der Speck auf der Platte seinen Platz finden. Die Eier hingegen daneben aufschlagen und mit Pfeffer sowie Salz bestreuen.

4 Während das Ganze vor sich hin brutzelt, können die Gewürzgurken in Scheiben geteilt werden.

5 Danach die zwei Pizzateigstücke auf die Platte legen. Nach dem ersten Wenden die Pizzen mit dem Käse bestreuen.

6 Auf die fertigen Pizzaböden dann jeweils Ei, Speck, Zwiebel- sowie Gewürzgurkenscheiben legen und nach Belieben würzen.

Snacks & Fingerfood

GEMÜSE-SPIEẞE MIT TOFU UND SHRIMPS

2 Port.

10 Min.

Einfach

Zutaten

1 Paprika (grün)
200 g Tofu
1 Paprika (rot)
1 Zwiebel
1 TL Sojasoße
2 EL Olivenöl
200 g Feta
1 Zucchini
200 g Shrimps
1 Zitrone (Bio)

Nährwerte p. P.

331 kcal
10 g Kohlenhydrate
26 g Fett
11 g Eiweiß

1 Zuerst einmal die Teppan Yaki-Platte aufheizen. Dann den Tofu in Würfel teilen und die Paprika ebenfalls.

1 Die Zwiebel aus der Schale lösen und in Stücke verwandeln. Danach die Zitrone in Scheiben teilen. Gleiches mit der Zucchini vornehmen. Den Feta hingegen grob würfeln und die Shrimps säubern.

2 Alle klein geschnittenen Zutaten jetzt im Wechsel auf Holzspieße stecken.

3 Die Sojasoße mit dem Olivenöl verrühren und die Spieße damit bestreichen.

4 Zum Schluss die Spieße auf der Platte grillen.

Tipp: Hierzu können Sie den Miso-Dip (Bonus-Kapitel) reichen!

HÄHNCHEN-SPIEß MIT ERDNUSSBUTTER

2 Port. 20 Min. Einfach

Zutaten

250 g Hähnchenbrustfilet
1 Zwiebel
50 ml Sahne
1 Paprika (rot)
4 EL Erdnussbutter
1 Prise Pfeffer
1 TL Salz
Saft einer Limette

Nährwerte p. P.

365 kcal
11 g Kohlenhydrate
20 g Fett
34 g Eiweiß

1 Im Vorfeld die Teppan Yaki-Platte anstellen, damit diese sich aufheizen kann. Dann die Erdnussbutter mit der Sahne, Saft einer Limette sowie Pfeffer und Salz mischen.

2 Anschließend die Zwiebel aus der Schale lösen und in grobe Stücke teilen. Die Paprika groß würfeln.

3 Die Hähnchenbrust ebenfalls würfeln und in der Erdnussbutter-Marinade einlegen. Gute zehn Minuten darf das Fleisch hier ziehen.

4 Danach die Hähnchenwürfel im Wechsel mit der Paprika auf Spieße stecken und diese zu guter Letzt auf der Platte garen.

CHICKEN WINGS ASIA STYLE

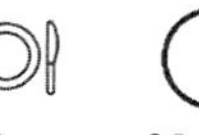

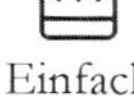

2 Port. 30 Min. Einfach

Zutaten

700 g Chicken Wings
Saft einer Limette
3 EL Öl
1 Knoblauchzehe
2 EL Sojasoße
2 EL Sesamöl
1 TL Paprikapulver (edelsüß)
1 TL Honig
½ Chilischote

Nährwerte p. P.

1055 kcal
7 g Kohlenhydrate
85 g Fett
66 g Eiweiß

1 Zuerst einmal gilt es, die Teppan Yaki-Platte anzustellen. Dann die Knoblauchzehe aus der Schale lösen und diese durch eine Presse drücken.

2 Den Knoblauch anschießend mit dem Sesamöl, der Sojasoße, dem Paprikapulver, dem Honig, dem Limettensaft sowie dem anderen Öl mischen.

3 Die Chilischote entkernen, fein zerhacken und ebenfalls in die Marinade geben. Hier dann auch gleich die Chicken Wings für 20 Minuten einlegen.

4 Zu guter Letzt die marinierten Chicken Wings auf der Platte kross braten.

KORIANDER-KURKUMA-BROT

4 Port.

40 Min.

Mittel

Zutaten

500 g Weizenmehl
5 EL Kurkuma
1 Würfel Hefe (frisch)
2 EL Butter (weich)
300 ml Wasser (lauwarm)
50 g Butter (weich)
Koriander n. B., gehackt
2 TL Öl
1 Prise Zucker
1 Prise Salz

Nährwerte p. P.

573 kcal
88 g Kohlenhydrate
17 g Fett
14 g Eiweiß

1 Zuerst gilt es, die Teppan Yaki-Platte zu erhitzen. Danach die frische Hefe ins lauwarme Wasser bröseln, damit diese sich auflösen kann.

2 Jetzt das Weizenmehl zuerst mit Kurkuma, dann mit den zwei EL Butter sowie dem Öl, dem Salz und dem Zucker vermengen. Hier auch gleich das Hefewasser zufügen und alles in einen glatten Teig verkneten.

3 Den Teig dann eine Viertelstunde gehen lassen. Anschließend daraus Fladen formen.

4 Den Koriander mit der übrigen Butter verrühren und den Mix auf die Fladen streichen.

5 Zum Schluss das Kräuterbrot auf der aufgeheizten japanischen Platte grillen.

KÄSE-BLÄTTERTEIGSTANGEN

2 Port.

30 Min.

Einfach

Zutaten

1 Päckchen Blätterteig
100 g Gouda (gerieben)
80 g Oliven
150 g Feta
80 g Tomaten (getrocknet)
1 TL Honig
2 EL Milch
80 g Frischkäse
1 Eigelb
Pfeffer
Salz

Nährwerte p. P.

1071 kcal
49 g Kohlenhydrate
79 g Fett
40 g Eiweiß

1 Erst die Teppan Yaki-Platte aufheizen. Dann den Fetakäse in kleine Würfel zerteilen und die Oliven sowie die getrockneten Tomaten fein zerhacken.

2 Die drei Zutaten anschließend miteinander mischen.

3 Dann den Frischkäse sowie den Honig unter den Feta-Mix rühren.

4 Jetzt den Blätterteig ausrollen, das Frischkäse-Gemisch darauf verteilen und den Gouda darüber streuen.

5 Den Blätterteig in Streifen schneiden und zu Stangen zusammenrollen.

6 Die Milch mit dem Eigelb verrühren und die Blätterteigstangen damit einpinseln.

7 Zum Schluss die Blätterteigstangen auf der Teppan Yaki-Platte garen.

SPECK-JALAPEÑOS

 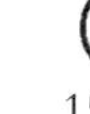  

2 Port. 15 Min. Einfach

Zutaten

8 Scheiben Speck
8 Jalapeños
80 g Mozzarella (gerieben)
4 Scheiben Kochschinken
8 Stiele Petersilie

Nährwerte p. P.

325 kcal
4 g Kohlenhydrate
24 g Fett
26 g Eiweiß

1 Zuerst gilt es, die Teppan Yaki zu erhitzen. Dann die Jalapeños säubern, etwas einschneiden und die Kerne herauslösen.

2 Jetzt den gekochten Schinken in feine Würfel zerteilen und die Petersilie zerhacken.

3 Den geriebenen Mozzarella mit der Petersilie sowie den Schinkenwürfeln in die Jalapeños geben.

4 Diese anschließend mit den Bacon-Scheiben ummanteln und so lange auf die heiße Platte legen, bis der Bacon kross geröstet ist.

CHILI-HONIG-KÜRBIS

2 Port.

15 Min.

Einfach

Zutaten

1 Chili
1 Butternut-Kürbis
4 EL Butter
4 EL Honig

Nährwerte p. P.

371 kcal
57 g Kohlenhydrate
14 g Fett
4 g Eiweiß

1 Vorab die Grillplatte erhitzen. Dann die Butter in einem Topf erwärmen. Während diese schmilzt, die Chili entstielen, entkernen sowie fein hacken.

2 Diese mit dem Honig in die Butter geben.

3 Im Anschluss den Kürbis aus seiner Schale nehmen, in zwei Hälften schneiden und das Fruchtfleisch in feine Streifen teilen.

4 Die Kürbisstreifen ebenfalls in den Butter-Chili-Mix geben und alles fünf Minuten durchziehen lassen.

5 Zum Schluss den Chili-Honig-Kürbis auf der Teppan Yaki-Platte garen.

KRÄUTER-KNOBLAUCH-BROT MIT KÄSE

2 Port.

30 Min.

Einfach

Zutaten

1 Laib Weißbrot
200 g Gouda (gerieben)
1 Kugel Mozzarella
5 Knoblauchzehen
1 Päckchen gemischte Kräuter (TK)
4 EL Butter (geschmolzen)
2 EL Olivenöl

Nährwerte p. P.

1408 kcal
126 g Kohlenhydrate
74 g Fett
58 g Eiweiß

1 Zuerst die Teppan Yaki-Platte mit Hitze versorgen. Dann das Weißbrot im Schachbrett-Muster einschneiden.

2 Jetzt die Knoblauchzehen aus der Schale nehmen und diese mit der geschmolzenen Butter sowie dem Olivenöl und den Kräutern in den Mixer geben. Alles ordentlich durchmixen.

3 Das Weißbrot anschließend mit diesem Mix so einstreichen, dass das Gemisch auch in die Schnittstellen eindringen kann.

4 Dann die Kugel Mozzarella in feine Würfel teilen und diese in die Schnittstellen des Brotes legen. Den geriebenen Gouda ebenfalls hineinstreuen.

5 Zu guter Letzt das Brot auf die heiße Platte legen und so lange rösten, bis der Käse zerläuft.

MOZZARELLA MIT BACON

2 Port.

10 Min.

Einfach

Zutaten

2 Kugeln Mozzarella
200 g Bacon
2 EL Barbecue-Soße

Nährwerte p. P.

729 kcal
7 g Kohlenhydrate
59 g Fett
41 g Eiweiß

1 Zuerst gilt es, die Teppan Yaki-Platte auf Temperatur zu bringen. Dann den Mozzarella abtropfen lassen und mit der Barbecue-Soße bestreichen.

2 Jetzt den Bacon um die Mozzarella-Kugeln legen und diese auf der heißen Platte knusprig rösten.

GEFÜLLTE CHAMPIGNONS MIT FRISCHKÄSE UND SPECK

2 Port.

10 Min.

Einfach

Zutaten

12 Scheiben Frühstücks-speck
12 Champignons
100 g Gouda (gerieben)
200 g Frischkäse
2 EL Milch
12 Mandelstifte

Nährwerte p. P.

665 kcal
7 g Kohlenhydrate
56 g Fett
33 g Eiweiß

1 Zuallererst die Teppan Yaki-Platte in Betrieb nehmen. Danach die Champignons säubern und die Stiele lösen.

2 Jetzt die Milch mit dem geriebenen Gouda sowie dem Frischkäse verrühren und diesen Mix in die Champignonköpfe geben.

3 Jeweils noch einen Mandelstift in den Frischkäse stecken und die Champignons dann mit dem Bacon ummanteln.

4 Zum Schluss die gefüllten Pilze auf der heißen Grillplatte rösten.

Fleisch

LAMM-KOTELETTS

2 Port.

30 Min.

Einfach

Zutaten

Saft einer Zitrone
6 Lamm-Koteletts
½ Chilischote
2 EL Olivenöl
1 TL Sesamöl
1 EL Sojasauce
Etwas geriebenen Ingwer
Etwas gehackten Koriander
Pfeffer
Salz

Nährwerte p. P.

638 kcal
1 g Kohlenhydrate
50 g Fett
45 g Eiweiß

1 Zuerst die Teppan Yaki-Platte mit Hitze versehen. Danach das Öl mit Sesamöl, Sojasauce, Ingwer, Salz, Pfeffer und Koriander mischen.

2 Jetzt die Chilischote vom Stiel sowie von den Kernen befreien und fein hacken. Die Chilistückchen ebenfalls in den Kräuter-Öl-Mix geben.

3 Anschließend die Lamm-Koteletts mit der Kräuter-Öl-Marinade bestreichen und eine Viertelstunde durchziehen lassen.

4 Zu guter Letzt dann die Lamm-Koteletts auf die Teppan Yaki-Platte legen und kross anbraten.

Tipp: Hierzu eignet sich die Yakitori-Soße, die Sie im Bonuskapitel finden.

INDISCHES BANANEN-HÄHNCHEN

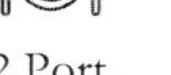

2 Port. 40 Min. Einfach

Zutaten

1 Dose Kokosnussmilch
1 Dose Ananas (Stücke)
2 Bananenblätter
3 EL Currypulver
1 Dose Pfirsich (Spalten)
Pfeffer
Salz

Nährwerte p. P.

810 kcal
70 g Kohlenhydrate
33 g Fett
56 g Eiweiß

1 Die Teppan Yaki aufheizen. Dann die Hähnchenbrust in Würfel zerteilen und diese in die zuvor ausgelegten Bananenblätter legen.

2 Jetzt die Kokosnussmilch mit dem Currypulver verrühren und die Soße mit Pfeffer sowie Salz abschmecken. Diese dann über die Hähnchenwürfel gießen. Darauf dann die Ananasstücke geben.

3 Nun die Pfirsichspalten auf das Ganze legen und die Bananenblätter mit Zahnstochern schließen.

4 Die Bananen-Päckchen dann auf die heiße Platte zum Garen legen.

SCHASCHLIK-SPIEßE ASIA

2 Port.

30 Min.

Einfach

Zutaten

300 g Gulasch (gemischt)
1 Paprika (grün)
1 Paprika (rot)
1 Paprika (gelb)
1 Zwiebel
Etwas Paprikapulver
Chiliflocken
Pfeffer
Salz

Asia Marinade
(Bonus-Kapitel)

Nährwerte p. P.

312 kcal
14 g Kohlenhydrate
11 g Fett
35 g Eiweiß

1 Vorab die Teppan Yaki-Platte aufheizen. Dann die Zwiebel aus der Schale nehmen und in Stücke teilen.

2 Die drei Paprikas vorab entstielen und entkernen und dann in größere Stücke trennen.

3 Das Gulasch in Asia-Marinade (siehe Bonus-Kapitel) marinieren und anschließend im Wechsel mit den Paprika- und Zwiebelstücken auf Holzspieße stecken und diese mit Salz, Paprikapulver, Chiliflocken sowie Pfeffer bestreuen.

4 Die Schaschlik-Spieße auf der Platte grillen.

RINDERFILET MIT AUSTERNSOẞE

2 Port.

60 Min.

Mittel

Zutaten

100 g Austernpilze
300 g Rinderfilet
1 EL Sherry (trocken)
1 Paprika (rot)
1 Stück Ingwer
2 Lauchzwiebeln
100 ml Gemüsebrühe
3 EL Sojasoße
2 TL Speisestärke
1 Chilischote
2 EL Öl
Salz

Nährwerte p. P.

439 kcal
14 g Kohlenhydrate
24 g Fett
37 g Eiweiß

1 Die Teppan Yaki-Platte aufheizen. Dann das Rinderfilet in feine Streifen zerteilen. Anschließend gilt es, einen EL der Sojasoße mit dem Sherry und der Speisestärke zu mischen. Die Marinade dann mit den Hähnchenstreifen vermengen und ungefähr eine eine ½ Stunde in der Kühlung durchziehen lassen.

2 Zwischenzeitlich die Paprika von ihren Kernen sowie vom Stiel lösen und in feine Streifen verwandeln. Die Austernpilze, nachdem die Stiele entfernt wurden, in dieselbe Form bringen. Die Lauchzwiebeln ebenfalls.

3 Dann noch den Ingwer von seiner Schale befreien und diesen fein zerhacken. Die Chilischote ohne Kerne sowie Stiel ebenfalls.

4 Jetzt die übrige Sojasoße mit dem Öl, der Austernsoße sowie der Gemüsebrühe verrühren.

5 Im Anschluss einen EL Öl auf die japanische Grillplatte geben und hier das marinierte Rindfleisch mit der gehackten Chilischote zusammen ungefähr eine Minute scharf anbraten.

6 Zu guter Letzt einen weiteren EL Öl in einen Wok geben und hier das Gemüse mit den Austernpilzen sowie dem gehackten Ingwer bissfest garen.

7 Kurz vor Ende der Garzeit das Fleisch und den Austernsoßen-Mix mit in den Wok geben und alles mit Salz verfeinern.

RIB-EYE-STEAK MIT GEMÜSE

2 Port. 60 Min. Mittel

Zutaten

200 g Bambussprossen (Dose)
1 Paprika (rot)
6 Lauchzwiebeln
350 g Rib-Eye-Steak
60 ml Öl
100 g grüne Bohnen
4 kleine Auberginen
100 g Champignons
Pfeffer
Salz

Nährwerte p. P.

754 kcal
28 g Kohlenhydrate
39 g Fett
63 g Eiweiß

1 Zuerst das Fleisch anfrieren. Danach das Ganze in dünne Scheiben verwandeln, auf eine Servierplatte oder einen Teller legen und ausgiebig mit Pfeffer sowie Salz bestreuen.

2 Jetzt die Stielansätze von den Auberginen lösen und den Rest diagonal in ganz feine Scheiben zerteilen.

3 Die Champignons säubern, die Stiele herausnehmen und die Köpfe teilen.

4 Die grünen Bohnen ebenfalls in Hälften trennen und die Paprika sowie die Lauchzwiebeln in Streifen zerteilen.

5 Nun die Teppan Yaki-Platte aufheizen und das gesamte Gemüse samt der Bambussprossen mischen.

6 Das Gemüse sowie die Rip-Eye-Steaks dann getrennt auf der Platte grillen.

TANDOORI-HÄHNCHEN

4 Port. 20 Min. Einfach

Zutaten

4 Hähnchenbrustfilets
4 EL Naturjoghurt
2 EL Tandoori-Paste
2 EL Pflanzenöl
Pfeffer
Salz

Nährwerte p. P.

223 kcal
4 g Kohlenhydrate
21 g Fett
5 g Eiweiß

1 Zuerst die Teppan Yaki aufheizen. Dann die Hähnchenbrustfilets in circa ein Zentimeter dicke Scheiben zerteilen.

2 Anschließend die Tandoori-Paste mit dem Naturjoghurt mischen und den Mix mit Pfeffer sowie Salz verfeinern.

3 Die Hähnchenbrust-Scheiben in dieser Marinade wenden und zu guter Letzt auf der Teppan Yaki-Platte garen.

HÄHNCHENBRUST IM KOKOSNUSSMANTEL

4 Port.

30 Min.

Einfach

Zutaten

4 Hähnchenbrustfilets
150 g Kokosnussflocken
3 EL Pflanzenöl
1 TL Honig
1 EL Zitronensaft
Eine Messerspitze
Sambal Olek
Pfeffer
Salz

Nährwerte p. P.

317 kcal
5 g Kohlenhydrate
31 g Fett
2 g Eiweiß

1 Die Hähnchenbrustfilets in 1½ Zentimeter dicke Scheiben zerteilen.

2 Anschließend den Honig mit dem Pflanzenöl sowie dem Sambal Olek verrühren. Das Ganze salzen und pfeffern.

3 Die Hähnchenscheiben in diese Marinade legen und eine gute Stunde im Kühlschrank ziehen lassen.

4 Nach einer halben Stunde die Teppan Yaki-Platte aufheizen.

5 Zu guter Letzt die marinierten Hähnchenstücke beidseitig in den Kokosnussflocken wenden und anschließend auf der heißen Platte rösten.

ASIATISCHE PUTEN-SPIEßE

4 Port.

60 Min.

Einfach

Zutaten

4 Putenbrustfilets
1 Bund Lauchzwiebeln
2 Mangos
1 Stange Porree
½ Ananas
2 EL Ahornsirup
2 EL Kokosnussflocken
2 EL Kokosnussöl
1 EL Sojasoße
1 EL Fischsoße
Pfeffer
Salz

Nährwerte p. P.

376 kcal
32 g Kohlenhydrate
4 g Fett
51 g Eiweiß

1 Zuerst die Putenbrustfilets in fünf Zentimeter große Stücke teilen.

2 Dann die Soja- und die Fischsoße verrühren und in den Mix in einen Plastikbeutel füllen. Hier auch gleich die Fleischstücke hineinlegen und alles eine ½ Stunde im Kühlschrank ziehen lassen.

3 Jetzt die Teppan Yaki-Platte aufheizen. Anschließend den Lauch in acht Stücke trennen und die halbe Ananas in drei Zentimeter große Würfel verwandeln.

4 Das Fruchtfleisch der Mango aus der Schale lösen und dieses ebenfalls in grobe Würfel teilen.

5 Jetzt noch die Lauchzwiebeln in acht Stücke zerteilen.

6 Danach das Obst, das Gemüse sowie die Fleischwürfel im Wechsel auf Spieße stecken und diese auf der heißen Platte rösten.

7 Zu guter Letzt noch die Kokosnussflocken mit dem Ahornsirup verrühren und damit die Spieße beträufeln.

HÄHNCHEN-BURGER HAWAII

2 Port. 20 Min. Einfach

Zutaten

2 Burger-Brötchen
1 Salatherz
2 Scheiben Ananas
1 Zwiebel
4 EL Currysoße
1 Kugel Mozzarella
400 g Hähnchenbrust
Pfeffer
Salz

Nährwerte p. P.

614 kcal
22 g Kohlenhydrate
28 g Fett
66 g Eiweiß

1 Zuerst gilt es, die Teppan Yaki-Platte aufzuheizen. Anschließend die Hähnchenbrust in zwei Scheiben teilen, mit Pfeffer sowie Salz bestreuen und die Hähnchenscheiben auf die Platte legen. Auch die zwei Ananasscheiben können direkt hier ihren Platz finden.

2 Während das Ganze gart, den Mozzarella in Scheiben zerteilen und das Salatherz nach dem Waschen in Blätter trennen.

3 Jetzt noch die Burger-Brötchen aufschneiden und diese auch ganz kurz auf die Platte zum Rösten legen.

4 Auf die Brötchen dann jeweils zwei EL Currysoße geben sowie ein bisschen Salat, das Hähnchenfleisch, den Mozzarella und die Ananas.

Fisch & Meeresfrüchte

MUSCHELN IN ASIA-MARINADE

4 Port.

45 Min.

Einfach

Zutaten

2 Möhren (mittelgroß)
20 Jakobsmuscheln
2 Zucchini
2 TL Zitronensaft

Asia Marina (Bonus-Kapitel)

Nährwerte p. P.

112 kcal
4 g Kohlenhydrate
8 g Fett
6 g Eiweiß

1 Die Jakobsmuscheln ausgiebig säubern und anschließend trocknen.

2 Asia-Marina (Bonus-Kapitel) zubereiten.

3 Die Jakobsmuscheln für eine ½ Stunde in dieser Marinade einlegen.

4 Jetzt schon einmal die Teppan Yaki-Platte aufheizen. In der Zwischenzeit die Möhren sowie die Zucchini von ihrer Schale befreien und den Rest mit einem Sparschäler in feine Streifen teilen.

5 Sowohl die Zucchini- als auch die Möhrenstreifen dann ein bis zwei Minuten in kochendem Salzwasser garen.

6 Danach die marinierten Jakobsmuscheln mit den gegarten Gemüsestreifen umwickeln und mit Zahnstochern fixieren.

7 Zum Schluss die Jakobsmuscheln auf der Teppan Yaki-Platte rösten und Zitronensaft darüber geben.

GARNELEN IM BACON-MANTEL MIT TERIYAKI SOßE

 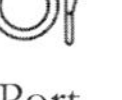  

4 Port. 40 Min. Einfach

Zutaten

350 g Garnelen
150 g Bacon (Scheiben)
Eine Messerspitze Cayennepfeffer

Teriyaki Soße (Bonus-Kapitel)

Nährwerte p. P.

270 kcal
3 g Kohlenhydrate
18 g Fett
25 g Eiweiß

1 Zuerst die Garnelen unter kaltem Wasser abbrausen und trocknen.

2 Teriyaki Soße zubereiten (Bonus-Kapitel).

3 Die Garnelen für eine ½ Stunde in dieser Marinade einlegen. Jetzt die Teppan Yaki-Platte vorheizen.

4 Nach der halben Stunde die Garnelen mit dem Bacon umwickeln und diese auf Holzspieße stecken.

5 Ungefähr vier bis fünf Minuten lang müssen die Garnelen-Spieße nun auf der Grillplatte garen.

KORIANDER-MAKRELE

 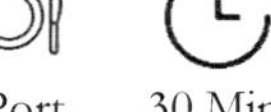 

2 Port. 30 Min. Einfach

Zutaten

2 Makrelen
3 EL Koriander
80 g Schnittlauch
50 g Bärlauch
50 g Petersilie
50 g Estragon
30 g Dill
4 EL Sesamöl
1 Zitrone
Pfeffer
Salz

Nährwerte p. P.

747 kcal
7 g Kohlenhydrate
56 g Fett
50 g Eiweiß

1 Zuerst gilt es, die Teppan Yaki-Platte aufzuheizen. Danach die Makrelen kurz abbrausen und trocknen.

2 Anschließend sämtliche Kräuter abspülen, abtropfen lassen und mit dem Sesamöl sowie etwas Salz und Pfeffer in den Mixer geben, um das Ganze fein zu pürieren.

3 Jetzt die Zitrone abbrausen und in dicke Scheiben zerteilen. Die Zitronenscheiben in die Makrelen legen.

4 Den Kräuter-Öl-Mix hingegen auf die Makrelen streichen und gute zehn Minuten einziehen lassen.

5 Zu guter Letzt die Makrelen auf die aufgeheizte Platte geben und beidseitig garen.

GEFÜLLTE TINTENFISCHTUBEN

2 Port. 40 Min. Einfach

Zutaten

175 g Tintenfischtuben
1 Knoblauchzehe
80 g Schnittlauch
80 g Dill
80 g Petersilie
1 Knolle Fenchel
20 g Ingwer
4 EL Olivenöl
Pfeffer
Salz

Nährwerte p. P.

448 kcal
15 g Kohlenhydrate
30 g Fett
24 g Eiweiß

1 Vorab die Teppan Yaki-Platte aufheizen. Dann den Fenchel teilen, den Strunk herausnehmen und den Rest in kleine Stücke hacken.

2 Den Ingwer ebenfalls fein zerhacken, nachdem dieser aus der Schale gelöst wurde.

3 Anschließend die Tintenfischtuben kurz abbrausen, trocknen und diese mit dem zerhackten Ingwer sowie dem Fenchel füllen.

4 Jetzt die gefüllten Tintenfischtuben auf einen Holzspieß stecken.

5 Das Olivenöl mit dem Zitronensaft in einen Mixer geben. Hier auch gleich die zuvor aus der Schale gelöste Knoblauchzehe sowie die gesamten gewaschenen Kräuter zugeben. Alles ausgiebig pürieren.

6 Die Tintenfischtuben jetzt für eine ½ Stunde in diese Marinade legen und zum Schluss für circa acht bis zehn Minuten auf der Teppan Yaki-Platte grillen.

BANANENBLATT-BARSCH

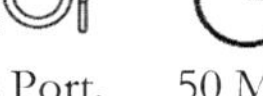

2 Port. 50 Min. Einfach

Zutaten

2 Bananenblätter
70 ml Kokosnussmilch
400 g Victoriabarsch
4 Stangen Spargel (grün)
20 g Ingwer
½ Frühlingszwiebel
½ Bund Koriander
1 TL Currypulver

Nährwerte p. P.

352 kcal
9 g Kohlenhydrate
16 g Fett
40 g Eiweiß

1 Bevor es ans Zubereiten geht, gilt es, die Teppan Yaki-Platte aufzuheizen. Danach die zwei Bananenblätter auslegen und den Victoriabarsch hier hineinlegen.

2 Dann den Ingwer aus seiner Schale befreien und diesen in die Kokosnussmilch reiben. Das Currypulver ebenfalls zumischen.

3 Jetzt noch die Frühlingszwiebel in Ringe teilen und den Koriander fein zerhacken.

4 Den Spargel hingegen säubern, holzige Enden entfernen und in Stücke zerteilen.

5 Nun den Kokosmilch-Mix über den Barsch gießen und den Koriander, die Frühlingszwiebelringe sowie die Spargelstücke darüber verteilen.

6 Die Bananenblätter mit Zahnstocher in kleine Päckchen verwandeln und 15 bis 20 Minuten auf die Grillplatte legen.

LACHS MIT WODKA-ORANGEN-MARINADE

2 Port.

50 Min.

Einfach

Zutaten

2 Lachsfilets
3 EL Sesamsamen
80 ml Wodka
60 ml Öl
3 Knoblauchzehen
3 EL Orangenpfeffer
1 TL Salz
3 EL Petersilie (gehackt)
Pfeffer

Nährwerte p. P.

868 kcal
11 g Kohlenhydrate
65 g Fett
52 g Eiweiß

1 Zuerst einmal die Teppan Yaki-Platte mit Hitze versorgen. Dann die Knoblauchzehen aus der Schale lösen und diese mit dem Öl, dem Wodka, der Petersilie sowie Pfeffer und Salz in den Mixer geben. Das Ganze ordentlich durchmixen.

2 Dann den Lachs unter fließendem Wasser säubern und trocknen. Die Lachsfilets anschließend eine ½ Stunde in der Marinade einlegen.

3 Zu guter Letzt den marinierten Lachs von beiden Seiten auf der aufgeheizten Platte garen und danach mit den Sesamsamen bestreuen.

GEFÜLLTE KRÄUTER-FORELLE MIT FETA

4 Port.

45 Min.

Einfach

Zutaten

2 Forellen (küchenfertig)
1 Bund Schnittlauch
1 Bund Bärlauch
50 g Fetakäse
Etwas geriebenen Ingwer
4 Lauchzwiebeln
200 g Schmand
50 g Butter
4 EL Pinienkerne
3 EL Olivenöl
Pfeffer
Salz

Nährwerte p. P.

531 kcal
14 g Kohlenhydrate
40 g Fett
27 g Eiweiß

1 Zuerst die Teppan Yaki mit Hitze versorgen. Dann die Forellen abbrausen, trocknen und innen sowie außen mit Pfeffer und Salz bestreuen.

2 Jetzt die Lauchzwiebeln sowie den Schnittlauch in kleine Ringe teilen und den Bärlauch fein zerhacken.

3 Anschließend den Schnittlauch, den Bärlauch, den Ingwer sowie die Lauchzwiebeln mit drei EL Olivenöl mischen und kräftig mit Pfeffer sowie Salz versehen.

4 Danach den Fetakäse in kleine Würfel teilen und die Pinienkerne zerkleinern. Letzteres dann in die Kräuter-Öl-Marinade geben und diese in die Forellen füllen.

5 Jeweils zwei bis drei Feta-Würfel ebenfalls in die Forellen legen und das Ganze mit Zahnstochern schließen.

6 Anschließend ein EL Butter auf ein Stück Alufolie legen und hierauf die Forelle legen. Das Ganze gut verschließen und auf die heiße Platte legen. Nach circa sechs bis acht Minuten müssten die Forellen fertig gegart sein.

GEGRILLTE THUNFISCH-STEAKS

4 Port. 20 Min. Einfach

Zutaten

4 Thunfisch-Steaks
45 ml Sojasoße
Ein paar Sesamkörner
(schwarz und weiß)
Pfeffer

Nährwerte p. P.

294 kcal
1 g Kohlenhydrate
13 g Fett
43 g Eiweiß

1 Vorab die Teppan Yaki-Platte mit Hitze versorgen. Dann die Thunfisch-Steaks in der Sojasoße wälzen und anschließend eine Viertelstunde in der Kühlung ziehen lassen.

2 Nach der Viertelstunde die Thunfisch-Steaks erneut in der Sojasoße wenden und danach mit den Sesamkörnern bestreuen.

3 Zu guter Letzt den Fisch auf die Grillplatte legen und von beiden Seiten drei bis vier Minuten medium rösten.

PAELLA ASIA STYLE

 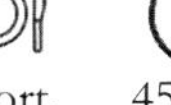  

4 Port. 45 Min. Mittel

Zutaten

12 Gambas
12 Miesmuscheln
1 Tintenfisch
(küchenfertig)
250 g Paella-Reis
½ l Gemüsebrühe
½ l Kokosmilch
1 Mango
5 EL Olivenöl
Etwas geriebenen Ingwer
Pfeffer
Salz
Etwas gehackter Koriander
Chiliflocken

Nährwerte p. P.

682 kcal
26 g Kohlenhydrate
43 g Fett
47 g Eiweiß

1 Die Gemüsebrühe mit der Kokosnussmilch im Topf aufkochen und den Paella-Reis circa 20 Minuten darin garen.

2 Dann den Tintenfisch in kleine Streifen teilen. Die Mango schälen, von ihrem Kern befreien und würfeln.

3 Jetzt die Teppan Yaki-Platte aufheizen und diese mit Öl einstreichen. Kurz darauf Tintenfischstreifen zugeben und nach circa drei bis fünf Minuten die Miesmuscheln sowie die Gambas zugeben.

4 Alles auf der Platte vermengen und Koriander, Ingwer, Chiliflocken und Mango dazugeben.

5 Nach weiteren fünf Minuten den gegarten Reis zufügen und das Ganze so lange auf der Platte weitergaren lassen, bis der Reis ein wenig angebraten ist.

6 Zum Schluss die Paella noch mit Pfeffer sowie Salz verfeinern.

Vegetarisch

RAMEN-NUDELN MIT GEMÜSE

 2 Port.

 20 Min.

  Einfach

Zutaten

300 ml Wasser (heiß)
200 g Ramen-Nudeln
1 TL Sesamöl
1 Paprika (rot)
1 Paprika (grün)
1 Paprika (gelb)
1 Zucchini
2 Karotten
200 g Pilze (Shiitake oder Champignons)
2 EL Sojasoße
80 g Sojasprossen

Nährwerte p. P.

421 kcal
68 g Kohlenhydrate
7 g Fett
16 g Eiweiß

1 Im Vorfeld die Teppan Yaki-Platte mit Hitze versehen. Dann die Ramen-Nudeln fünf Minuten lang im heißen Wasser quellen lassen. Anschließend die Nudeln abgießen.

2 Danach die Paprikas von ihren Kernen sowie Stielen befreien und in feine Streifen zerteilen. Karotten schälen, und diese sowie Zucchini und Pilze ebenfalls fein schneiden.

3 Die Sojasprossen lediglich abtropfen lassen. Zu guter Letzt zuerst die Karotten, dann nach und nach die Zucchini, die Paprikastreifen und die Pilze auf die Teppan Yaki-Platte geben und die Ramen-Nudeln darüber geben.

4 Jetzt noch das Sesamöl mit der Sojasoße verrühren und den Mix über die Paprika-Ramen-Nudeln geben.

TOFU-GEMÜSE-SPIEßE

2 Port.

20 Min.

Einfach

Zutaten

1 Zwiebel
200 g Tofu
1 Paprika (grün)
1 Paprika (rot)
1 Aubergine
1 Zucchini
Cherrytomaten
1 TL Sojasoße
2 EL Olivenöl

Nährwerte p. P.

284 kcal
12 g Kohlenhydrate
20 g Fett
11 g Eiweiß

1 Bevor es ans Zubereiten der Tofu-Gemüse-Spieße geht, gilt es erst einmal, die Teppan Yaki-Platte aufzuheizen. Anschließend den Tofu in Würfel verwandeln und die rote sowie grüne Paprika, Aubergine und Zucchini in dieselbe Form bringen.

2 Die Zwiebel aus der Schale nehmen und ebenfalls grob stückeln.

3 Jetzt alle Gemüse und Tofu auf Spieße stecken.

4 Das Olivenöl mit der Sojasoße verrühren und diesen Mix auf die Tofu-Gemüse-Spieße streichen.

5 Zum Schluss die Spieße auf der heißen Platte grillen.

MOZZARELLA-SPINAT-SPIEẞE

 2 Port.  20 Min.  Einfach

Zutaten

150 g Babyblattspinat
200 g Mozzarella-Kugeln (kleine)
250 g Cocktail-Tomaten

Nährwerte p. P.

233 kcal
8 g Kohlenhydrate
15 g Fett
15 g Eiweiß

1 Im Vorfeld erst die Teppan Yaki-Platte mit Hitze versorgen. Dann die Cocktailtomaten von ihren Stielen nehmen und waschen.

2 Die kleinen Mozzarella-Kugeln lediglich abgießen. Den Spinat ebenfalls waschen und abtropfen lassen.

3 Jetzt erst jeweils eine Tomate, dann den Spinat und dann eine Mozzarella-Kugel auf die Holzspieße geben. Den Vorgang wiederholen, bis alle Zutaten verbraucht sind.

4 Zu guter Letzt die Mozzarella-Spinat-Spieße auf der Teppan Yaki-Platte rösten.

GEBACKENER SCHAFSKÄSE

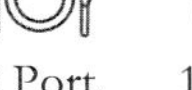

2 Port. 10 Min. Einfach

Zutaten

2 Knoblauchzehen
2 Päckchen Schafskäse
2 Zwiebeln
2 EL Olivenöl
Pfeffer

Nährwerte p. P.

640 kcal
8 g Kohlenhydrate
51 g Fett
35 g Eiweiß

1 Zuerst die japanische Teppan Yaki-Platte aufwärmen. Danach die Zwiebeln sowie die Knoblauchzehen aus ihren Schalen befreien und beides fein zerhacken.

2 Den Schafskäse aus der Verpackung nehmen, abtropfen lassen und auf ein Stück Alufolie legen.

3 Jetzt den zerhackten Knoblauch-Zwiebel-Mix auf die beiden Schafskäsestücke verteilen.

4 Das Ganze jeweils mit einem EL Olivenöl beträufeln und mit etwas Pfeffer verfeinern.

5 Zu guter Letzt den Schafskäse ungefähr zehn Minuten auf der heißen Platte backen.

AUBERGINEN-PIZZA

4 Port.

30 Min.

Einfach

Zutaten

1 Aubergine
1 EL Salz
2 TL Olivenöl
6 Cocktail-Tomaten
100 g Mozzarella (gerieben)
100 g Gouda (gerieben)
Etwas Oregano (getrocknet)
Etwas Basilikum (getrocknet)

Nährwerte p. P.

246 kcal
4 g Kohlenhydrate
19 g Fett
14 g Eiweiß

1 Die Aubergine unter kaltem Wasser abbrausen und in etwas dickere Scheiben teilen.

2 Dann das Olivenöl mit dem Salz verrühren und diesen Mix auf den Auberginenscheiben verteilen. Jetzt die Teppan Yaki-Platte mit Hitze versehen.

3 Ist die Platte aufgeheizt, den Oregano auf die Auberginenscheiben streuen und diese auf die Grillplatte legen.

4 Sind die Auberginen gar, diese von der Platte nehmen, mit den zuvor gewürfelten Tomaten belegen und mit beiden Käsesorten bestreuen. Das Basilikum zum Verfeinern darüber geben.

ZUCCHINI-KAROTTEN-REIBEKUCHEN

4 Port. 15 Min. Einfach

Zutaten

500 g Karotten
500 g Zucchini
150 g Sahne-Joghurt
200 g Weizenmehl
1 Zwiebel
4 Eier
150 ml Milch
Pfeffer
Salz

Nährwerte p. P.

355 kcal
49 g Kohlenhydrate
9 g Fett
16 g Eiweiß

1 Im Vorfeld erst einmal die Teppan Yaki mit der nötigen Hitze versehen. Dann sowohl die Zucchini als auch die Karotten säubern und dann grob reiben.

2 Die Zwiebel hingegen aus der Schale nehmen und in feine Würfel zerteilen.

3 Jetzt die Eier mit dem Weizenmehl, der Milch sowie dem Sahnejoghurt mischen und das Ganze mit Pfeffer und Salz verfeinern.

4 In den Sahnejoghurt-Mix dann die Zwiebelwürfel sowie die Zucchini- und Karottenraspeln geben und alles ordentlich durchrühren.

5 Zu guter Letzt kleine Puffer auf der Teppan Yaki-Platte backen.

FOCACCIA MIT ROSMARIN-TOMATEN UND PARMESAN

2 Port.

50 Min.

Einfach

Zutaten

500 g Weizenmehl
2 EL Butter (weich)
1 Würfel Hefe
2 Knoblauchzehen
2 Zweige Rosmarin
4 TL Olivenöl
1 Prise Salz
1 Prise Zucker
300 ml Wasser (lauwarm)
1 Tomate
50 g Parmesankäse (gerieben)

Nährwerte p. P.

1291 kcal
180 g Kohlenhydrate
30 g Fett
37 g Eiweiß

1 Zuerst die Teppan Yaki-Platte aufwärmen. Dann die Hefe in das lauwarme Wasser bröseln, damit diese sich auflösen kann.

2 Anschließend das Weizenmehl mit der Prise Salz, der Prise Zucker, zwei EL Olivenöl sowie der Butter mischen.

3 Jetzt die Hefelösung zugeben und alles in einen glatten Teig verwandeln. Den Teig dann zugedeckt circa eine Viertelstunde ruhen lassen.

4 Anschließend den Teig erneut durchkneten und Fladen formen.

5 Die Tomate nun in dünne Scheiben zerteilen. Die Knoblauchzehen fein hacken und den Rosmarin ebenfalls.

6 Den zerhackten Knoblauch sowie den Rosmarin mit dem übrigen Olivenöl mischen und den Mix auf die Fladen geben.

7 Darauf die Tomatenscheiben sowie den geriebenen Parmesan verteilen und die Fladen 10 bis 15 Minuten auf der heißen Platte backen.

Vegan

GEMÜSE-MIX GEGRILLT

4 Port. 30 Min. Einfach

Zutaten

100 g Paprika (rot)
100 g Karotten
100 g Mais
100 g Aubergine
50 g Zwiebel
50 g Champignons
100 g Zucchini
4 EL Olivenöl
2 EL gemischte Kräuter nach Wahl (gehackt)
Pfeffer
Salz

Nährwerte p. P.

149 kcal
10 g Kohlenhydrate
11 g Fett
3 g Eiweiß

1 Die Paprika von Stiel und Kerngehäuse befreien und in Stücke zerteilen.

2 Dann die Zucchini sowie die Aubergine hingegen in etwas dickere Scheiben teilen. Gleiches mit der Karotte vornehmen.

3 Die Zwiebel ohne Schale stückeln und die Champignons nach dem Säubern vierteln. Den Mais abtropfen lassen.

4 Jetzt die Teppan Yaki-Platte aufwärmen. Danach das Olivenöl mit den gemischten Kräutern, dem Salz sowie dem Pfeffer verrühren.

5 Das gesamte Gemüse nun mischen und mit dem Olivenöl-Mix übergießen. Das Ganze eine ½ Stunde durchziehen lassen.

6 Zu guter Letzt das Gemüse auf einem Küchentuch abtropfen lassen und für eine Viertelstunde auf die Teppan Yaki-Platte geben zum Garen.

GEMÜSE-KARTOFFEL-SPIEẞE

2 Port.

60 Min.

Einfach

Zutaten

4 Shiitake Pilze
200 g Kartoffeln (klein)
4 Cherry-Tomaten
½ Paprika (grün)
50 g Zwiebeln
1 TL Erdnussöl
1 TL Balsamico-Essig
½ EL Sojasoße
1 TL Olivenöl
½ TL Kümmel
½ TL Majoran
Salz

Nährwerte p. P.

165 kcal
23 g Kohlenhydrate
5 g Fett
4 g Eiweiß

1 Das Erdnuss- und das Olivenöl mit dem Balsamico-Essig, der Sojasoße sowie den Kräutern mischen und das Ganze dann für eine ½ Stunde in den Kühlschrank stellen.

2 Jetzt die Kartoffeln mit Schale zehn bis zwölf Minuten in Salzwasser garen. Anschließend abkühlen lassen und die Kartoffeln in Hälften schneiden.

3 Dann erst einmal die Teppan Yaki Platte aufheizen. Im Anschluss die Zwiebel ohne Schale in dicke Scheiben trennen und die Shiitake Pilze nach dem Saubermachen in Hälften zerteilen. Die Paprika hingegen würfeln und die Tomaten lediglich abbrausen.

4 Nun sämtliche Zutaten im Wechsel auf Holzspieße stecken und erst einmal für zehn Minuten auf die heiße Platte geben.

5 Danach die Spieße mit der Marinade einstreichen und diese erneut fünf Minuten grillen.

VEGANE MAIS-FLADEN

4 Port.

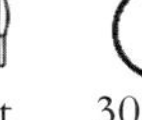
30 Min.

Einfach

Zutaten

200 g Reismilch
200 g Maismehl
100 ml Rapsöl
200 ml Sojamilch
200 g Kartoffelmehl
1 EL Backpulver
½ TL Chilipulver
Salz

Nährwerte p. P.

620 kcal
82 g Kohlenhydrate
29 g Fett
6 g Eiweiß

1 Das Kartoffel- und das Maismehl mit dem Backpulver, der Prise Salz sowie dem Chilipulver mischen.

2 Dann erst einmal die Teppan Yaki-Platte auf Temperatur bringen und anschließend die Soja- und Reismilch zum Mehl-Mix geben und alles gut miteinander verkneten.

3 Aus dem Teig dann Fladen kreieren und diese auf der heißen Platte backen.

PIKANTE PAPRIKASCHOTEN

4 Port.

25 Min.

Einfach

Zutaten

500 g Paprika (rot)
500 g Paprika (gelb)
1 Zitrone
6 Knoblauchzehen
150 ml Olivenöl
½ TL Chilipulver
Pfeffer
Salz

Nährwerte p. P.

428 kcal
19 g Kohlenhydrate
36 g Fett
4 g Eiweiß

1 Zuerst einmal gilt es, die Teppan Yaki-Platte auf Temperatur zu bringen. Dann die Zitrone abwaschen und die Schale abreiben.

2 Die Knoblauchzehen aus der Schale lösen und diese in feine Scheiben teilen.

3 Jetzt die Paprikas in Hälften teilen, die Kerne sowie die Stiele entfernen und diese mit heißem Wasser überbrühen, so dass die Schale entfernt werden kann.

4 Die Paprikas dann in Streifen teilen und erneut auf die heiße Platte zum Garen geben.

5 Danach das Olivenöl mit dem Zitronenabrieb, dem Chilipulver, dem Knoblauch sowie Pfeffer und Salz verrühren und die gegrillten Paprika hier einlegen.

RATATOUILLE MIT GRILL-PAPRIKA

4 Port. 40 Min. Einfach

Zutaten

300 g Paprika (rot)
300 g Paprika (gelb)
2 Knoblauchzehen
1 Aubergine
50 g Champignons
1 Zucchini
2 Fleischtomaten
1 Zwiebel (rot)
2 EL Balsamico-Essig
1 EL Agavendicksaft
2 EL Rapsöl
4 Zweige Zitronenthymian
2 EL Petersilie (gehackt)
Pfeffer
Salz

Nährwerte p. P.

184 kcal
22 g Kohlenhydrate
7 g Fett
6 g Eiweiß

1 Zuerst einmal gilt es, die Teppan Yaki-Platte auf Temperatur zu bringen. Dann die roten und gelben Paprikas in drei Zentimeter große Würfel verwandeln. Gleiches mit den Zucchini, der Aubergine sowie den Tomaten vornehmen.

2 Die Knoblauchzehen sowie die Zwiebel hingegen aus der Schale lösen und in feine Ringe zerteilen.

3 Danach die Champignons säubern und in Hälften trennen. Jetzt das Rapsöl auf die heiße Platte geben und die Zucchini- sowie die Auberginenwürfel hier scharf anrösten.

4 Anschließend die Champignons, die Zwiebel, die Knoblauchzehen und die Tomaten dazugeben. Während der Gemüse-Mix gart, den Zitronenthymian sowie die Petersilie fein zerhacken.

5 Nach circa fünf Minuten gilt es dann, das Gemüse einmal zu wenden und mit den Kräutern, dem Agavendicksaft sowie Pfeffer und Salz zu verfeinern.

6 Dann alles unter Rühren mit dem Balsamico-Essig löschen und so lange auf der Platte belassen, bis das Gemüse bissfest gegart ist.

GEGRILLTER KÜRBIS MIT CHILI-NOTE

4 Port. 45 Min. Mittel

Zutaten

1 kg Kürbis (Butternut)
2 Chilischoten (getrocknet)
1 Knoblauchzehe
2 TL Koriander
2 TL Oregano (getrocknet)
1 TL Pfeffer (schwarz)
1 TL Salz (grob)
½ TL Fenchelsamen
2 EL Olivenöl

Nährwerte p. P.

246 kcal
36 g Kohlenhydrate
9 g Fett
5 g Eiweiß

1 Im Vorfeld die Teppan Yaki-Platte auf Temperatur bringen. Dann das Fruchtfleisch aus dem Kürbis entfernen und dieses in zweieinhalb dicke Scheiben zerteilen.

2 Die Knoblauchzehe aus der Schale nehmen und mit den Gewürzen sowie den Kräutern in einem Mörser klein zerstampfen. Hier dann auch gleich das Olivenöl zugeben und in der Marinade den Kürbis wälzen.

3 Das Ganze zu guter Letzt auf der Teppan Yaki-Platte grillen.

RÄUCHERTOFU-GEMÜSE-SPIEẞE MIT NEKTARINEN

4 Port.

35 Min.

Einfach

Zutaten

350 g Räuchertofu
1 Zucchini
1 Paprika (rot)
2 Nektarinen
3 TL Kräuter der Provence
2 Knoblauchzehen
3 TL Paprikapulver
3 EL Zitronensaft
3 EL Olivenöl
Pfeffer
Salz

Nährwerte p. P.

305 kcal
11 g Kohlenhydrate
21 g Fett
17 g Eiweiß

1 Zuerst gilt es, die Teppan Yaki-Platte mit der nötigen Hitze zu versehen. Danach die Knoblauchzehen aus der Schale nehmen und diese durch eine Presse quetschen. Den Knoblauch dann mit dem Olivenöl, dem Zitronensaft sowie den Kräutern der Provence verrühren und mit Pfeffer sowie Salz geschmacklich verfeinern.

2 Jetzt die Paprika entstielen, entkernen und mit einem Sparschäler die Haut entfernen.

3 Die Nektarinen, die Paprika, die Zucchini und den Räuchertofu in gleichgroße Stücke zerteilen.

4 Das Ganze im Anschluss mit der zuvor zubereiteten Marinade übergießen und alles ordentlich vermengen.

5 Zum Schluss alles im Wechsel auf Spieße stecken und auf der heißen Platte bissfest grillen.

GEFÜLLTE GRILL-CHAMPIGNONS

2 Port. 15 Min. Einfach

Zutaten

6 Champignons (groß)
1 Zwiebel
30 g Cashewkerne
2 Knoblauchzehen
1 Paprika (gelb)
2 EL Haferflocken
3 EL Olivenöl
1 EL Sojasoße

Nährwerte p. P.

374 kcal
19 g Kohlenhydrate
29 g Fett
7 g Eiweiß

1 Die Teppan Yaki-Platte zuerst einmal aufheizen. Dann die Champignons säubern, die Stiele entfernen und diese erst einmal beiseitelegen.

2 Jetzt die Paprika, die Knoblauchzehen, die Zwiebel sowie die Cashewkerne und die Champignonstiele fein zerhacken.

3 Das Ganze im Anschluss mit den Haferflocken, dem Olivenöl sowie der Sojasoße mischen und in die Champignonköpfe füllen.

4 Die gefüllten Champignons dann auf der heißen Platte garen.

Desserts

SCHOKO-BANANEN-PFANNKUCHEN

2 Port. 30 Min. Einfach

Zutaten

250 ml Milch
2 TL Honig
2 Bananen
2 Eier
100 g Schokoladenraspeln
6 EL Weizenmehl

Nährwerte p. P.

430 kcal
68 g Kohlenhydrate
12 g Fett
10 g Eiweiß

1 Erst die Teppan Yaki-Platte in Betrieb nehmen und dann die Bananen aus der Schale nehmen. Anschließend das Weizenmehl mit den Eiern, dem Honig und der Milch verrühren.

2 Die Bananen in Scheiben zerteilen.

3 Jetzt den Teig portionsweise auf die heiße Platte geben und goldgelbe Pfannkuchen backen.

4 Die Pfannkuchen mit den Bananenscheiben belegen, mit den Schokoladenraspeln bestreuen und zusammenrollen.

SCHOKOLADEN-KEKSE

2 Port.

15 Min.

Einfach

Zutaten

100 g Weizenmehl
70 g Schokolade
50 g Schokoladenraspeln
150 g Nutella
1 Ei
½ TL Backpulver

Nährwerte p. P.

920 kcal
111 g Kohlenhydrate
30 g Fett
16 g Eiweiß

1 Im Vorfeld die Teppan Yaki-Platte auf Temperatur bringen. Danach das Ei schaumig verquirlen und das Nutella untermischen.

2 Jetzt das Weizenmehl mit dem Backpulver grob vermengen und den Mix in die Eier-Nutella-Mischung geben.

3 Das Ganze ordentlich durchrühren. Danach die Schokoladenstreusel untermischen.

4 Dann den Teig mit Hilfe eines Löffels portionsweise auf die heiße Platte geben und die Kekse ausbacken.

5 Währenddessen die Schokolade zum Schmelzen bringen und damit am Ende die abgekühlten Schokoladen-Kekse verzieren.

APFEL MIT BLÄTTERTEIG

2 Port.

15 Min.

Einfach

Zutaten

1 Packung Blätterteig (Kühlung)
1 Apfel
50 ml Milch
100 g Naturjoghurt
4 EL Zimt
1 TL Honig

Nährwerte p. P.

576 kcal
64 g Kohlenhydrate
30 g Fett
10 g Eiweiß

1 Vorab die Teppan Yaki-Platte mit der nötigen Hitze versorgen. Dann den Apfel von seiner Schale sowie seinen Kernen befreien und den Rest reiben.

2 Jetzt den Blätterteig auslegen, den Joghurt darauf verteilen und den Zimt darüberstreuen.

3 Anschließend den Honig auf den Joghurt-Zimt-Mix träufeln und den geriebenen Apfel darüber geben.

4 Das Ganze nun aufrollen und dann in Scheiben teilen.

5 Das Eigelb mit der Milch verrühren und mit dem Mix den Blätterteig einstreichen.

6 Zum Schluss die Blätterteig-Scheiben auf der heißen Platte backen.

GEGRILLTE OBST-SPIEßE

2 Port.

15 Min.

Einfach

Zutaten

200 g Erdbeeren
2 Äpfel
1 Dose Ananas (Stücke)

Nährwerte p. P.

390 kcal
151 g Kohlenhydrate
7 g Fett
13 g Eiweiß

1 Zuerst die Teppan Yaki-Grillplatte mit Hitze versorgen. Die Ananas abtropfen lassen und die Erdbeeren kurz unter Wasser säubern und das Grün herausnehmen.

2 Dann die Äpfel aus der Schale lösen, die Kerngehäuse lösen und den Rest in grobe Stücke teilen.

3 Erdbeeren, Ananas- sowie Apfelstücke im Wechsel auf Holzspieße stecken und auf der heißen Grillplatte rösten.

CRANBERRY-HONIG-BANANEN

4 Port.

15 Min.

Einfach

Zutaten

4 Bananen
2 EL Cranberrys
1 Zitrone
4 EL Honig
2 EL Walnüsse
2 EL Butter
1 Messerspitze Zimt

Nährwerte p. P.

179 kcal
23 g Kohlenhydrate
9 g Fett
1 g Eiweiß

1 Die Teppan Yaki-Platte erwärmen. Dann die Zitrone kurz abbrausen und auspressen. Jetzt die Bananen aus der Schale nehmen und in der Länge teilen.

2 Anschließend die Butter auf die heiße Platte geben und die Bananen darin goldgelb anrösten. Danach die Bananen von der Platte nehmen und zugedeckt im Ofen warm halten.

3 Danach die Walnüsse fein zerhacken und diese in der Butter der Bananen ebenfalls rösten.

4 Nun den Honig über die Walnüsse geben und mit dem Zimt verfeinern.

5 Im Anschluss noch die Cranberrys sowie den Zitronensaft zugeben und alles auf der Platte mischen.

6 Die Honig-Walnuss-Soße zu guter Letzt über die Bananen geben und den Nachtisch genießen.

KAISERSCHMARRN

2 Port.

20 Min.

Einfach

Zutaten

Abrieb einer Zitrone
150 g Weizenmehl
1 TL Vanillezucker
2 Eier
60 g Zucker
2 EL Butter
200 ml Milch
Etwas Puderzucker

Nährwerte p. P.

596 kcal
92 g Kohlenhydrate
18 g Fett
15 g Eiweiß

1 Zuerst die Teppan Yaki-Platte mit der nötigen Hitze versorgen. Dann die Hälfte der Milch mit Weizenmehl mischen und das Ganze erst einmal zur Seite stellen.

2 Jetzt den Zucker mit dem Vanillezucker und den Eiern schaumig verrühren.

3 Danach die Zitronenschale zum Eier-Mix geben und das Ganze mit der übrigen Milch in die erste Mischung rühren.

4 Nun die Butter auf der heißen Platte schmelzen und den Teig hier verteilen.

5 Abwarten, bis die untere Seite braun ist, und das Ganze dann mit Vorsicht einmal wenden.

6 Zu guter Letzt den Teig mit zwei Schabern in kleine Schmarrn verwandeln und mit dem Puderzucker bestreuen.

CRÊPES MIT GEMISCHTEN BEEREN

4 Port.

45 Min.

Einfach

Zutaten

175 g Weizenmehl
360 ml Milch
35 g Butter
3 Eier
2 Prisen Salz
300 g Erdbeeren
300 g Johannisbeeren
Etwas Puderzucker

Nährwerte p. P.

416 kcal
49 g Kohlenhydrate
17 g Fett
13 g Eiweiß

1 Zuerst die Teppan Yaki-Platte in Betrieb nehmen. Danach die Johannisbeeren sowie die Erdbeeren säubern, vom Grün befreien und mit etwas Puderzucker bestreuen.

2 Jetzt das Weizenmehl mit der halben Menge Milch sowie zwei Prisen Salz verrühren.

3 Anschließend die Eier in einer anderen Schüssel verquirlen und mit der übrigen Milch mischen. Den Eier-Milch-Mix dann in die Mehl-Milch-Mischung rühren.

4 Nun die Butter in einem Topf zum Schmelzen bringen, abkühlen lassen und diese unter die erste Teigmischung rühren. Das Ganze dann eine Viertelstunde ruhen lassen.

5 Im Anschluss den Teig portionsweise auf der Teppan Yaki-Platte ausbacken und mit der Beerenmischung belegen.

STACHELBEEREN-KUCHEN

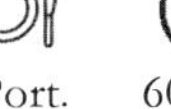

4 Port. 60 Min. Mittel

Zutaten

180 g Rohrzucker (braun)
240 g Weizenmehl
3 Eier
150 g Stachelbeeren
2 EL Naturjoghurt
1 TL Sonnenblumenöl
1 Vanilleschote
1 TL Backpulver
1 EL Vollmilch
1 TL Natron

Nährwerte p. P.

495 kcal
91 g Kohlenhydrate
7 g Fett
11 g Eiweiß

1 Die Teppan Yaki-Platte zuerst aufheizen. Anschließend die Stachelbeeren säubern.

2 Dann das Weizenmehl mit dem Rohrzucker, dem Sonnenblumenöl, den Eiern, dem Natron, dem Backpulver, der Milch sowie dem Naturjoghurt mischen.

3 Den Teig danach eine Viertelstunde ruhen lassen.

4 Währenddessen das Mark aus der Vanilleschote kratzen und dieses ebenfalls in den Teig rühren.

5 Nun eine feuerfeste Pfanne ohne Beschichtung mit Backpapier auslegen und den Boden mit zwei Handvoll Stachelbeeren belegen.

6 Auf die Stachelbeeren dann den Teig gießen und oben auf diesen dann die übrigen Stachelbeeren verteilen.

7 Jetzt die Pfanne vorsichtig auf die Teppan Yaki-Platte stellen und den Kuchen hier 25 Minuten backen.

Bonus: Soßen, Dips & Marinaden

KNOBLAUCH-HONIG-MARINADE

2 Port.

10 Min.

Einfach

Zutaten

3 EL Honig
3 EL Oregano (getrocknet)
1 Zitrone
½ Chilischote
80 ml Öl
3 Knoblauchzehen

Nährwerte p. P.

480 kcal
32 g Kohlenhydrate
38 g Fett
2 g Eiweiß

1 Die Knoblauchzehen aus der Schale nehmen und in einen Mixer geben.

2 Jetzt die Chili säubern, die Kerne entfernen und diese mit dem Öl, dem Oregano sowie dem Honig ebenfalls in den Mixer geben.

3 Die Zitrone auspressen und den Saft zum Rest geben.

4 Jetzt die gesamten Zutaten ordentlich durchpürieren und zum Schluss die Marinade mit Pfeffer sowie Salz verfeinern.

WHISKEY-INGWER-MARINADE

1 Port.

10 Min.

Einfach

Zutaten

25 ml Whiskey
50 g Ingwer
1 TL Honig
150 ml Orangensaft
1 Prise Pfeffer
1 Prise Salz

Nährwerte p. P.

150 kcal
27 g Kohlenhydrate
1 g Fett
2 g Eiweiß

1 Den Ingwer von seiner Schale befreien und diesen mit dem Whiskey, dem Honig, dem Orangensaft sowie einer Prise Pfeffer und Salz in den Mixer geben.

2 Das Ganze ordentlich ein paar Minuten lang durchpürieren und zum Schluss eventuell noch einmal nachwürzen.

TERIYAKI-SOßE

2 Port.

15 Min.

Einfach

Zutaten

100 ml Sojasoße
100 ml Sake oder Sherry
2 EL Zucker
100 ml Mirin (Reiswein)

Nährwerte p. P.

184 kcal
20 g Kohlenhydrate
0 g Fett
4 g Eiweiß

1 Sämtliche Zutaten in einen Kochtopf geben und das Ganze aufkochen lassen.

2 Alles so lange weiter köcheln lassen, bis sich die Soße auf zwei Drittel reduziert hat.

MISO-DIP

2 Port. 15 Min. Einfach

Zutaten

4 EL Sake oder Sherry
2 EL Honig
3 EL Sojaöl
1 EL Miso-Paste
3 EL Reisessig
1 TL Ingwer (gehackt)

Nährwerte p. P.

218 kcal
17 g Kohlenhydrate
14 g Fett
0 g Eiweiß

1 Sämtliche Zutaten miteinander mischen und so lange verrühren, bis sich die Miso-Paste aufgelöst hat.

YAKITORI-SOẞE

 4 Port.

 10 Min.

  Einfach

Zutaten

100 ml Mirin (Reiswein)
3 EL Zucker (braun)
100 ml Sake oder Sherry
150 ml Sojasoße

Nährwerte p. P.

117 kcal
15 g Kohlenhydrate
0 g Fett
1 g Eiweiß

1 Alle Zutaten in einen Topf geben, verrühren und so lange zum Kochen bringen, bis sich das Ganze auf zwei Drittel reduziert hat.

MEDITERRANE MARINADE

4 Port.

10 Min.

Einfach

Zutaten

2 Knoblauchzehen
200 ml Olivenöl
1 TL Meersalz
1 TL Pfeffer
1 TL Rosmarin (gehackt)

Nährwerte p. P.

422 kcal
2 g Kohlenhydrate
46 g Fett
1 g Eiweiß

1 Die Knoblauchzehen aus der Schale lösen und ganz fein zerhacken.

2 Diese anschließend mit den anderen Zutaten gut verrühren und eine Viertelstunde in der Kühlung ziehen lassen.

ASIA-MARINADE

4 Port. 15 Min. Einfach

Zutaten

200 ml Sojaöl
1 EL Austernsoße
1 Knoblauchzehe
1 TL Ingwerpulver
½ TL Sambal Olek
2 EL Thai-Fischsoße
½ TL Currypaste (grün)

Nährwerte p. P.

424 kcal
2 g Kohlenhydrate
45 g Fett
1 g Eiweiß

1 Die Knoblauchzehe aus der Schale nehmen und fein zerhacken.

2 Den zerhackten Knoblauch mit dem Sojaöl, der Austernsoße, dem Ingwerpulver, dem Sambal Oelek, der Currypaste sowie der Thai-Fischsoße mischen und bis zur Verwendung im Kühlschrank lagern.

HONIG-SENF-SOẞE

4 Port.

15 Min.

Einfach

Zutaten

1 Zitrone
200 ml Pflanzenöl
2 EL Honig
2 EL Senf (mittelscharf)
1-2 EL Grand Marnier-Salz
Etwas Orangen-Pfeffer

Nährwerte p. P.

468 kcal
12 g Kohlenhydrate
46 g Fett
1 g Eiweiß

1 Die Zitrone auspressen und den Zitronensaft mit dem Pflanzenöl, dem Honig sowie dem Senf verrühren.

2 Das Ganze mit dem Orangen-Pfeffer und dem Grand Marnier-Salz geschmacklich verfeinern.

FISCH-MARINADE

4 Port.

15 Min.

Einfach

Zutaten

4 Knoblauchzehen
12 EL Olivenöl
3 EL Sojasauce
1 TL Sambal Oelek
3 EL Balsamico-Essig
1 EL Senf (süß)
1 TL Salz
1 TL Pfeffer
Etwas Dill

Nährwerte p. P.

419 kcal
9 g Kohlenhydrate
42 g Fett
2 g Eiweiß

1 Die Knoblauchzehen aus der Schale nehmen und sehr fein zerhacken.

2 Diese anschließend mit den übrigen Zutaten mischen.